Bouesse Arafat NZABA M.

La Beauté des Petits Riens

Bouesse Arafat NZABA M.

La Beauté des Petits Riens

Poèmes Contemplatifs pour Savourer la Vie

Éditions Muse

Imprint

Cover image: www.ingimage.com

Publisher:
Éditions Muse
is a trademark of
Dodo Books Indian Ocean Ltd. and OmniScriptum S.R.L publishing group

120 High Road, East Finchley, London, N2 9ED, United Kingdom
Str. Armeneasca 28/1, office 1, Chisinau MD-2012, Republic of Moldova, Europe
Printed at: see last page
ISBN: 978-620-4-96444-7

A mon père, MOUNGUENGUE Elie, pour ses précieux conseils ,

A mes lecteurs, pour le soutien.

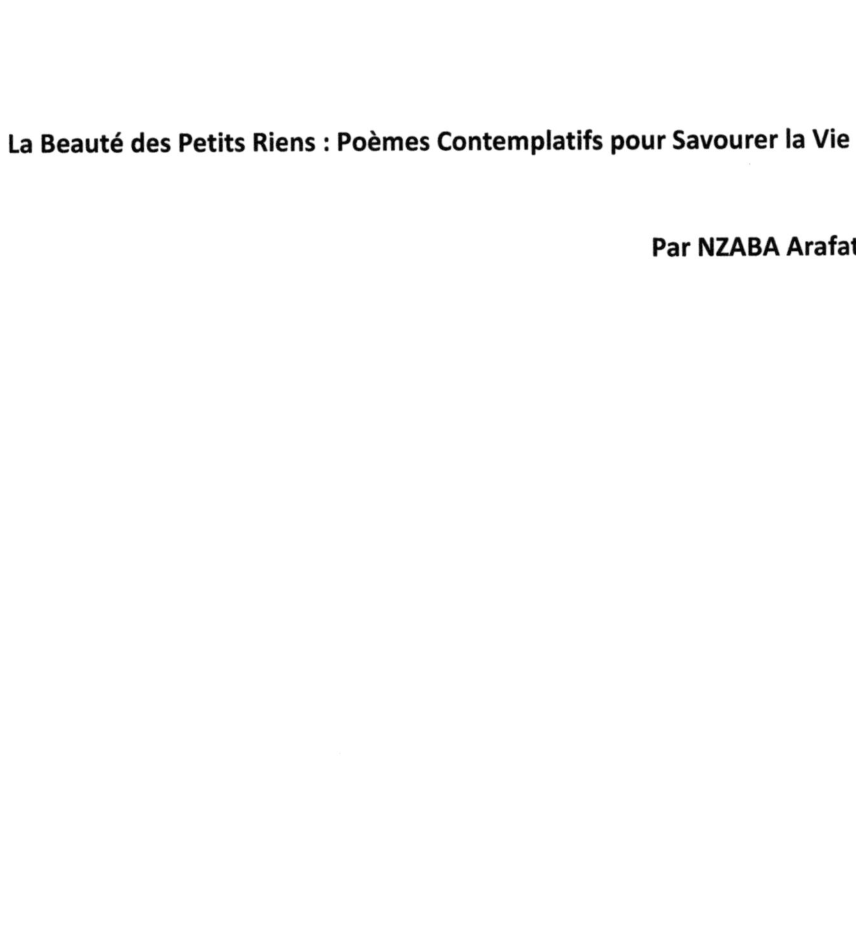

La Beauté des Petits Riens : Poèmes Contemplatifs pour Savourer la Vie

Par NZABA Arafat

Cher lecteur,

Il y a quelque chose de profondément magique dans les petits moments de la vie, dans ces instants fugaces qui semblent insignifiants mais qui, en réalité, sont les fondations de notre expérience quotidienne. Dans La Beauté des Petits Riens: Poèmes Contemplatifs pour Savourer la Vie, NZABA Arafat nous offre un recueil de poèmes qui célèbrent ces moments précieux et nous invitent à les apprécier pleinement.

Avec une prose subtile et un regard poétique sur le monde qui l'entoure, Arafat NZABA nous guide dans une exploration contemplative de la vie. Ses poèmes nous amènent à ralentir et à observer les détails de notre environnement, à écouter les sons de la nature et à ressentir les émotions qui nous traversent. En faisant cela, nous découvrons la beauté dans les choses les plus simples et les plus modestes, et nous sommes remplis d'un sentiment profond de gratitude pour les merveilles de la vie.

Ce livre est une invitation à ralentir et à apprécier la vie dans toute sa plénitude, à travers les yeux d'un poète qui est capable de voir la beauté là où d'autres ne voient que l'ordinaire. La poésie d'Arafat est une source d'inspiration, de réconfort et de sagesse, qui nous aide à comprendre la valeur des petits moments et à trouver la joie dans les choses simples.

En tant que lecteur, vous serez transporté dans un monde de contemplation et de sérénité, où chaque poème est une invitation à la réflexion et à l'introspection. Avec La Beauté des Petits Riens, NZABA Arafat offre un recueil de poèmes qui est à la fois profondément personnel et universel dans sa portée, et qui est sûr de toucher le cœur de tous ceux qui cherchent à savourer pleinement la vie.

Ce livre est un véritable trésor, et je suis convaincu qu'il sera apprécié par tous ceux qui cherchent à trouver la beauté et la signification dans les moments les plus simples de la vie.

Cordialement,

NZABA Arafat

1- "Le Chapeau"

Le chapeau, cette coiffe majestueuse,
Qui orne nos têtes, et les protège du soleil,
Le chapeau, un accessoire indispensable,
Pour les hommes de qualité, les hommes de cœur.

Le chapeau nous donne du charisme, du panache,
Il nous élève, nous inspire, nous sublime,
Il est un signe de respect si on l'ôte pour saluer,
Un signe de noblesse, quelque fois de dignité,
Le chapeau, un emblème de la grandeur d'âme.

Alors messieurs et dames, portez fièrement votre chapeau,
Avec distinction, avec élégance, avec style,
Car le chapeau est un symbole, une marque de respect,
Qui honore celui qui le porte, et qui embellit le monde.

2- "La Cape"

La cape, cette pièce d'habillement majestueuse,
Qui enveloppe notre corps, et nous protège du froid,
La cape, un accessoire indispensable,
Pour les hommes de qualité, les hommes de cœur.

La cape nous donne du mystère, de l'élégance,
L'avoir sur soi est comme une chance.

Alors messieurs, portez fièrement votre cape,
Avec distinction, sape, avec style,
Car la cape est un symbole, une mode,
Qui honore celui qui la porte, et qui embellit l'habit.

3- "Le Chemin du Bonheur"

Le bonheur n'est pas une destination,
Mais un chemin que l'on emprunte chaque jour,
Un voyage où l'on cherche sans relâche,
Le chemin du bonheur, la route du bonheur.

Le bonheur n'est pas une quête éphémère,
Mais un voyage à la recherche de soi-même,
Un chemin où l'on apprend à se connaître,
À aimer et à être aimé, à vivre et à être heureux.

Alors empruntons ensemble le chemin du bonheur,
Et marchons fièrement vers un avenir radieux,
Car le bonheur est à notre portée,
Si seulement nous avons le courage de le chercher.

4- La Joie de Vivre

La vie est belle, la vie est un cadeau,
La joie de vivre est un trésor que nous devons protéger,
Elle est la source de notre bonheur, la raison de notre existence,
La joie de vivre est notre essence, notre raison d'être.

Chaque jour est une bénédiction, chaque instant est un miracle,
La vie est un trésor que nous devons chérir,
Et la joie de vivre est le carburant qui nous anime,
Le moteur de notre existence, le souffle de notre âme.

Profitons donc de chaque instant, de chaque moment de bonheur,
Et savourons la vie, savourons la joie de vivre,
Car elle est notre raison d'être, notre chemin vers le bonheur,
Et notre guide dans ce monde merveilleux.

5- L'Amour

L'amour est la clef du bonheur, la clé de la vie,
Il est la source de notre joie, la raison de notre être,
L'amour est le langage de l'âme, le souffle du cœur,
Il est le feu sacré qui brûle en nous, le chemin de notre bonheur.

Chaque jour est une occasion de trouver l'amour,
De le nourrir, de le cultiver, de le faire grandir,
Et chaque instant est un cadeau de l'univers,
Un signe de son amour pour nous, une preuve de sa bonté.

Ainsi aimons sans retenue, aimons avec passion,
Et laissons l'amour nous guider vers la joie,
Amour : notre lumière, notre guide,
Et notre raison d'être dans ce monde.

6- La Liberté

La liberté est notre droit, notre liberté est notre devoir,
Elle est la source de notre épanouissement, la raison de notre vie,
La liberté est notre essence, notre souffle, notre existence,
Elle est le chemin de notre bonheur, le guide de notre destinée.

Chaque jour est une occasion de trouver la liberté,
De la cultiver, de la protéger, de la faire grandir,
Et chaque instant est un appel de notre âme,
Un signe de son besoin de liberté, de son désir de bonheur.

Soyons donc libres, soyons nous-mêmes, soyons heureux,
Et laissons la liberté nous guider vers notre destinée.

7-Le Dieu de l'univers

Créateur du ciel et de l'enfer,
Créateur des anges et des démons,
Tes griffes acérées peuvent blesser,
Mais ta main tendue peut bénir les hommes.

Ton regard perçant est impénétrable,
Ta voix douce comme une brise,
Ta puissance est insondable,
Et ta gloire est sans limite.

Les poètes te chantent en vers,
Les hommes te prient en silence,
Tu es la lumière qui éclaire nos univers,
Et le rempart qui nous protège de l'ignorance.

Tu es l'alpha et l'oméga,
Le commencement et la fin,
Et dans ta grandeur éternelle,
Nous trouvons la paix, le salut et la rédemption.

8-Le mystère de Dieu

Dieu est un mystère que nous cherchons à percer,
Il est l'infini dans notre monde fini,
Il est la lumière qui éclaire notre chemin obscur,
Et la force qui nous permet de surmonter les défis.

Dans la nature, nous voyons sa grandeur,
Dans les étoiles, nous admirons sa beauté,
Dans notre cœur, nous sentons sa présence,
Et dans la prière, nous ressentons sa bonté.

Dieu est la source de toute vie,
Le créateur de l'univers,
Il est la réponse à toutes nos questions,
Et la paix de notre âme en détresse.

9-La grâce de Dieu

Dieu est la grâce qui nous est offerte,
La lumière qui éclaire notre chemin,
Il est l'amour qui nous entoure,
Et la paix qui règne en nous sans fin.

Dans la prière, nous sentons sa présence,
Dans notre cœur, nous ressentons sa grâce,
Et dans nos vies, nous voyons son influence,
Nous conduisant toujours vers la bonne place.

Dieu est la source de notre bonheur,
La raison de notre existence,
Et dans sa grâce éternelle,
Nous trouvons la paix, la force et l'espérance.

10-Le doute de l'existence de Dieu

Où es-tu, Dieu, dans ce monde obscur,
Où la douleur et la souffrance règnent,
Où les innocents sont victimes de l'injustice,
Et où les puissants écrasent les faibles sans pitié ?

Dois-je douter de ton existence, Dieu,
Dans ce monde sans pitié et sans compassion,
Où les hommes sont aveuglés par l'avidité,
Et où la bonté est étouffée par la corruption.

Pourtant, dans mon cœur, je ressens ta présence,
Dans les rayons du soleil, je vois ta lumière,
Peut-être que tu es là, quelque part,
Attendant que nous te trouvions dans notre prière.

11-L'Art de la Peinture

L'art de la peinture, tel un élixir divin,
Qui captive les yeux, l'âme et le cœur humain,
Est un don divin de la nature à l'homme,
Une source inépuisable de couleurs et de formes.

Le peintre est le maître de son œuvre,
Il façonne l'espace et le temps avec ferveur,
Il capture la beauté de l'instant présent,
Et la fige pour l'éternité, tel un diamant.

La toile devient alors un monde à part entière,
Où l'artiste exprime sa vision du réel,
Où l'imaginaire se mêle au concret,
Pour offrir une œuvre unique, éternelle et parfaite.

12- Les Couleurs de l'Âme

Les couleurs de l'âme, les peintres les connaissent,
Ils les mêlent et les harmonisent pour créer la finesse,
Les nuances, les subtilités de la vie,
Et offrir une œuvre belle, émouvante et saisissante.

Le rouge est la passion, le feu qui brûle en nous,
Le bleu est la sérénité, l'océan qui nous emporte,
Le vert est l'espérance, la nature qui nous apaise,
Le jaune est la lumière, le soleil qui nous réchauffe.

Le peintre est un alchimiste, un magicien des couleurs,
Il transforme la matière en un univers de bonheur,
Et offre à tous ceux qui le contemplent,
Un instant de grâce, de beauté, de pur émerveillement.

13- La Magie de la Peinture

La magie de la peinture, c'est cette capacité,
De donner vie à l'invisible, de rendre palpable l'abstrait,
De faire vibrer les émotions les plus profondes,
Et de toucher les cœurs les plus lointains.

La toile est un miroir, un reflet de l'âme,
Où l'on peut contempler la beauté et la flamme,
De l'artiste qui a su transcrire ce monde abyssal,
Les merveilles de la vie, les mystères de l'étoile.

La peinture est un art qui transcende le temps,
Elle témoigne de nos vies, de nos espoirs, de nos tourments,
Elle nous rappelle que nous sommes tous unis,
Dans notre quête de beauté, d'amour et d'infini.

14- L'Art de la Lumière

L'art de la peinture, c'est l'art de la lumière,
Celle qui transcende la matière, qui la rend éphémère,
Celle qui donne vie à l'inanimé,
Et qui fait naître des chefs-d'œuvre immortels.

Le peintre est un poète, un magicien de la lumière,
Il capture les rayons du soleil, les ombres de la terre,
Il les mêle et les arrange avec art,
Pour créer un tableau qui parlera au cœur.

La lumière est la vie, elle est la source de tout,
Elle réchauffe nos cœurs, elle nous guide dans la nuit,
Elle est l'essence même de l'art.

15- Les Mains

J'ai vu tes mains de poète
Tes doigts élancés, si légers
Effleurant le papier, sans arrêt
Pour créer des images éternelles

J'ai senti ton âme de poète
Ta passion, ta soif de beauté
Tu t'élèves dans les airs, libre
Pour capturer l'infini

Ta poésie, un champ de fleurs sauvages
Tes mots, un feu brûlant
Ton cœur, un océan de couleurs
Tu nous emmènes vers l'inconnu

16- La Nuit

La nuit est un poème
Un rêve éveillé, une merveille
Les étoiles scintillent, mystérieuses
Et la lune éclaire tout de sa lumière pâle

La nuit est une toile vierge
Un paysage à explorer
Nous sommes libres de danser
Sous la lueur des astres lointains

La nuit est une histoire sans fin
Un voyage dans l'inconnu
Nous sommes seuls, mais jamais seuls
Dans le silence, nous sommes un

17 - Le Temps

Le temps est un poème éternel
Un flux ininterrompu, une force invisible
Il coule comme un ruisseau
Et emporte tout sur son passage

Le temps est une danse sans fin
Une symphonie en mouvement
Il nous fait grandir, vieillir, mourir
Mais nous laisse toujours plus de souvenirs

Le temps est un poème mystérieux
Une énigme à résoudre
Il nous met au défi de vivre pleinement
Et de saisir chaque instant avec passion

18 - La Beauté

La beauté est un poesie,
Un éclat de lumière dans l'obscurité
Elle nous enveloppe de sa grâce
Et nous transporte dans un autre monde

La beauté est une œuvre d'art
Un tableau à contempler
Elle nous émeut, nous transporte
Et nous laisse sans voix

La beauté est un poème éternel
Un reflet de la perfection divine
Elle nous rappelle l'origine de la vie
Et nous incite à nous émerveiller

19- La Toile

Sur la toile de l'internet
Nous tissons notre destin
Nous communiquons, nous partageons
Des idées, des rêves, des passions

Sur la toile de l'internet
Nous sommes connectés, unis
Nous explorons de nouveaux horizons
Et repoussons les limites de l'imagination

Mais attention, amis internautes
La toile peut nous capturer, nous piéger
Nous devons rester maîtres de nos vies
Et ne pas laisser l'internet nous contrôler

20 - L'Obscurité

Dans l'obscurité de l'internet
Se cachent des secrets, des dangers
Des mensonges, des illusions
Qui nous aveuglent et nous trompent

Mais dans l'obscurité de l'internet
Se cachent aussi des merveilles
Des trésors de savoir, de créativité
Qui peuvent nous inspirer et nous enrichir

Il nous appartient de naviguer avec prudence
De déceler le vrai du faux
Et de ne pas perdre de vue notre humanité
Dans cette toile tissée de pixels et d'électricité

21- La Liberté

Sur l'internet, nous sommes libres
Libres de nous exprimer, de créer
Libres de découvrir de nouveaux mondes
Et de partager nos passions avec le monde entier

Mais cette liberté a ses limites
Nous devons respecter les autres
Et ne pas nuire à leur dignité
En nous cachant derrière un écran anonyme

La liberté de l'internet est un cadeau précieux
Mais il nous appartient de l'utiliser avec sagesse
Et de ne jamais oublier que derrière chaque écran
Se cache un être humain, avec ses joies et ses peines

22 - L'Infini

L'internet est un océan sans fin
Une mer déchaînée de connaissances
Nous y plongeons, avides de savoir
Et nous y trouvons des trésors insoupçonnés

Mais cet océan peut aussi nous engloutir
Nous perdre dans ses courants puissants
Nous faire oublier le monde réel
Et nous enfermer dans notre propre bulle

L'internet est un monde fascinant
Mais il ne doit pas devenir notre unique horizon
Nous devons garder les pieds sur terre
Et nous rappeler que la vraie vie se vit hors de l'écran.

23- L'Harmonie Divine

Que serait l'homme sans la musique divine,
Ses chants, ses mélodies, sa douceur infinie ?
Elle résonne en lui, l'apaise, l'illumine,
Et donne à son cœur des ailes, de la vie.

De son souffle puissant, elle emporte nos âmes,
Dans un tourbillon de notes, de sons vibrants,
Et nous fait voyager, entre ciel et flammes,
Sur un océan de sensations, d'instant en instant.

La musique est le langage de l'univers,
Le souffle de la vie, la pulsation de l'âme,
Elle berce nos cœurs, nos esprits et nos nerfs,
Et nous conduit toujours, vers la lumière de notre flamme.

Ô musique, toi qui enchantes nos vies,
Qui fais vibrer nos corps, nos esprits, nos cœurs,
Donne-nous ta magie, ta puissance infinie,
Et répands sur le monde, tes mélodies en fleurs.

24- La Symphonie de la Vie

La musique est la symphonie de la vie,
Un concert éternel qui résonne en nos cœurs,
Elle nous transporte, nous élève, nous convie,
A vibrer au rythme des notes, des accords.

Elle est un pont entre l'âme et l'univers,
Une passerelle qui nous mène vers la lumière,
Elle nous éveille, nous inspire, nous libère,
Et nous fait découvrir l'essence de notre être.

Dans chaque note, chaque souffle, chaque silence,
Elle nous parle de l'amour, de la joie, de la souffrance,
Elle nous dit que la vie est une belle danse,
Un voyage merveilleux, rempli d'émotions intenses.

Ô musique, toi qui est la source de notre vie,
Qui nous rappelle que nous sommes tous des artistes,
Inspire-nous, guide-nous, et laisse-nous enivrer,
Par ta beauté, ta puissance, ta mélodie infinie.

25 - Les Muses

La musique est l'œuvre des muses divines,
Ces créatures ailées qui habitent les cieux,
Elles descendent sur terre, et nous donnent l'envie,
De chanter, de danser, de vibrer à l'unisson.

Chacune a son domaine, son style, sa couleur,
Elles nous inspirent, nous guident, nous éveillent,
Et nous font découvrir, au-delà des peurs,
Les beautés cachées de la vie, ainsi que sa douceur.

Il y a la muse du rock, de la pop, du jazz,
Celle du classique, du rap, de l'opéra,
Chacune est unique, chacune a son tracas,
Et toutes ensemble, elles forment une symphonie éclatante.

Ô muses divines, vous qui bercez nos vies,
Qui faites vibrer nos cœurs, nos esprits, nos âmes,
Guidez-nous, inspirez-nous, et laissez-nous suivre,
Le chemin de l'harmonie, de la beauté, de la flamme.

26- Dans les profondeurs du Darknet

Dans les profondeurs sombres du Darknet
Où les ombres rampent et les rats courent,
Les esprits dépravés cherchent à se connecter,
Pour acheter des drogues, des armes et des secrets.

Les criminels y naviguent en toute impunité,
Pensant que leur anonymat leur garantit la liberté,
Mais ils ne peuvent pas échapper à la vérité,
Leurs actes seront découverts, tôt ou tard.

Les yeux des autorités surveillent,
Cherchant à attraper ceux qui trichent,
Mais le Darknet reste un endroit de mystère,
Où le bien et le mal se battent pour le pouvoir.

27-Tentation du net

Le Darknet est un lieu de tentation,
Où les pulsions les plus sombres trouvent satisfaction,
Les désirs interdits s'y révèlent sans hésitation,
Et les criminels y font leur réputation.

Les réseaux secrets de la toile sombre,
Sont un refuge pour les âmes perdues,
Les transactions y sont opaques et sans nombre,
Mais la justice finit toujours par avoir raison.

Le Darknet est un monde parallèle,
Où les règles sont bousculées et les lois violées,
Les sombres profondeurs de l'Internet,
Peuvent être une véritable prison pour l'humanité.

28-Darknet

Le Darknet est un lieu de tous les dangers,
Un endroit où les pires criminels se rassemblent,
Un lieu où les secrets sont échangés,
Et où la vie privée est sans cesse bafouée.

Les hackers y sont rois et maîtres,
Manipulant les codes et les algorithmes,
Ils jouent avec les données des utilisateurs,
Et les poussent à la limite de leur raison.

Les secrets du Darknet sont insondables,
Et ses profondeurs ne cessent de surprendre,
Il est temps de lever le voile sur ses mystères,
Et de mettre fin à cette ombre qui l'enveloppe.

29- Les péchés du web

Le Darknet est un lieu de tous les vices,
Un lieu où la morale est oubliée,
Les criminels y trouvent leur liberté,
Et les innocents y perdent leur dignité.

Les trafiquants de drogue y prospèrent,
Les armes y sont vendues comme du pain,
Le Darknet est un enfer où les vices règnent,
Et où l'anonymat est une monnaie courante.

Les autorités cherchent à le démanteler,
Et à mettre fin à ces crimes déroutants,
Mais le Darknet est une véritable jungle,
Où seuls les plus forts peuvent survivre et avancer.

30- Le cygne

Le cygne majestueux,
Nage gracieusement sur l'étang.
Son plumage blanc est somptueux,
Et son chant résonne comme un doux son.

Le cygne est un oiseau noble,
Qui charme les âmes avec sa beauté.
Sa présence apaise les cœurs troublés,
Et fait oublier les soucis de la vie.

Que nous apprend le cygne sur la grâce !
Comment être élégant et fier,
Tout en restant humble et sincère,
Le cygne nous offre une belle leçon de vie.

31- La fourmi

La fourmi travaille sans relâche,
Transportant des brindilles et des grains.
Elle ne connaît ni le repos, ni la trêve,
Et poursuit sa tâche sans faire grève.

La fourmi est un insecte humble,
Qui se consacre à son devoir.
Elle est toujours prête à rendre service,
Et ne cherche jamais la gloire.

Que nous apprend la fourmi sur le travail !
Comment être assidu et persévérant,
Même dans les moments difficiles,
La fourmi nous offre une belle leçon de courage,
Et de fidélité envers la reine mère.

32- Le chat

Le chat est un félin mystérieux,
Qui se déplace avec une agilité inouïe.
Ses yeux verts brillent comme des émeraudes,
Et son pelage est doux comme la soie.

Le chat est un animal indépendant,
Qui aime se prélasser au soleil.
Il est souvent considéré comme égoïste,
Mais il cache en réalité un cœur fidèle.

Que nous apprend le chat sur l'amour !
A être loyal et fidèle,
Tout en gardant notre liberté,
Le chat nous offre une belle leçon d'équilibre.

33- Le cheval

Le cheval est un animal noble,
Qui symbolise la force et la puissance.
Il galope avec une grâce incomparable,
Et sa crinière flotte au vent avec élégance.

Le cheval est un compagnon fidèle,
Qui nous accompagne dans nos voyages.
Il nous apprend la confiance et l'harmonie,
Et nous donne des moments de joie et de partage.

Que nous apprend le cheval sur l'amitié !
Comment être un ami fidèle et loyal,
Qui nous soutient dans les moments difficiles,
Le cheval nous offre une belle leçon de fraternité.

34- La Course aux Cryptomonnaies

Les crypto monnaies, nouvelles divinités,
Suscitent en moi une curiosité sans fin,
La course à l'or numérique est lancée,
Dans un monde sans limites ni frontières.

Bitcoin, StartarBronze, Ethereum, Ripple, Litecoin,
Des noms évocateurs, des valeurs certaines et incertaines,
Mais pourtant, la foule s'emballe,
Dans une danse effrénée vers la richesse.

Leurs cours fluctuent, montent et descendent,
Au gré des spéculations et des informations,
Mais le risque est grand, l'avenir incertain,
Dans cet univers impitoyable et fougueux.

Certains y voient une opportunité d'or,
D'autres une menace pour la stabilité,
Mais une chose est sûre, cette course aux cryptomonnaies,
Est un phénomène fascinant et envoûtant.

35- L'Appel des Blockchain

Les blockchain, ces chaînes de blocs,
Symboles d'un futur prometteur,
Révolutionnant le monde des transactions,
Dans un système décentralisé et sécurisé.

Leur potentiel est immense, leur utilisation variée,
Du vote électronique aux identités numériques,
Elles bousculent les codes établis,
Dans un mouvement perpétuel d'innovation.

Mais leur fonctionnement reste mystérieux,
Pour le commun des mortels que nous sommes,
Pourtant, leur appel est irrésistible,
Dans un monde où la confiance est devenue rare.

Les blockchain, c'est l'assurance d'une transparence,
D'une immuabilité et d'une traçabilité sans faille,
Dans un univers où les fraudes et les piratages,
Sont devenus monnaie courante.

L'appel des blockchain est lancé,
Une révolution est en marche,

Et nous sommes les témoins de ce changement,

Vers un monde plus juste et plus sûr.

36- L'Illusion des Cryptomonnaies

Les cryptomonnaies, des mirages éphémères,
Aux valeurs instables et incertaines,
Dans un monde où le virtuel a pris le pouvoir,
Où l'argent est devenu une abstraction.

Leur engouement est grand, leur réalité fragile,
Mais pourtant, la foule s'enflamme,
Dans une danse effrénée vers la richesse,
Au risque de perdre tout son avoir.

Les cryptomonnaies, un monde d'illusion,
Où l'on croit pouvoir devenir riche en un instant,
Où les montagnes d'or sont à portée de main,
Mais où le piège se referme sur les plus naïfs.

Leur avenir est incertain, leur fonctionnement complexe,
Mais pourtant, l'illusion demeure,
Dans un monde où le rêve est plus fort que la raison,
Et où l'on oublie parfois la réalité.

Les cryptomonnaies, des mirages éphémères,
Auxquels on s'accroche parfois avec désespoir,

Mais qui pourtant, dans leur fugacité,

Laissent derrière eux un monde de désolation.

37- Soleil du matin

Le soleil du matin, source de vie,
Illumine les cieux de sa douceur,
Réveille les êtres endormis,
Et les transporte vers la chaleur.

Au zénith, ses rayons étincelants,
Tels des flèches enflammées,
Pénètrent les nuages blancs,
Et éclairent la terre sacrée.

Dans sa gloire et sa splendeur,
Le soleil du matin est roi,
Et de son éclat enchanteur,
Il comble les cœurs de joie.

Ainsi, chaque jour qui se lève,
Nous offre ce cadeau divin,
Et le soleil du matin sème,
Sur notre route, le bonheur sans fin.

38- LE SOLEIL DU MIDI

Le soleil du midi, brûlant et intense,
Verse sur nous sa puissance ardente,
Et dans sa flamboyance immensément dense,
Nous emporte vers des horizons étincelants.

Sa lumière éblouissante,
Nous enivre de sa chaleur,
Et dans son énergie enivrante,
Nous conduit vers de nouveaux bonheurs.

Le soleil du midi est maître,
De tous les êtres sous son règne,
Et de sa puissance peut faire naître,
Tout ce qui échappe à notre imaginaire.

Ainsi, dans son rayonnement sans pareil,
Le soleil du midi nous fascine,
Et son feu divin nous émerveille,
Dans une extase indescriptible et sereine.

39- LE SOLEIL DU SOIR

Le soleil du soir, lentement s'enfuit,
Derrière les montagnes de l'horizon,
Et dans sa lumière douce,
L'esprit s'envole vers des rêves sans raison.

Ses couleurs chatoyantes,
Tels des tableaux féériques,
Nous offrent des visions enivrantes,
Et des instants de bonheur authentique.

Le soleil du soir est poète,
De ses rayons aux mille nuances,
Et dans sa mélancolie discrète,
Il nous entraîne vers des moments de romance.

Ainsi, chaque soir qui s'éteint,
Nous plonge dans un univers merveilleux,
Et le soleil du soir, dans sa splendeur,
Nous offre des instants d'amour et de douceur.

40- LE SOLEIL ÉTERNEL

Le soleil éternel, flamme de l'univers,
Rayonne sur nous depuis la nuit des temps,
Et dans son énergie mystique et sincère,
Nous guide vers des destinées éblouissantes.

Sa lumière intemporelle,
Nous enveloppe de son aura divine,
Et dans sa puissance immortelle,
Nous plonge dans des profondeurs insondables.

Le soleil éternel est gardien,
De toutes les vies qui nous entourent,
Et dans sa grandeur sans fin,
Il nous protège et nous cajole.

Ainsi, dans sa grandeur infinie,
Le soleil éternel nous impressionne,
Et dans son amour incommensurable,
Il nous transporte vers l’espérance et l'éternité.

41- L'aube de la vie

La naissance d'un être nouveau
Un petit corps qui crie
Un miracle divin, un cadeau

Le monde s'ouvre à ses yeux
Un avenir rempli d'espoir
Les souvenirs futurs merveilleux
S'écrivent en lettres d'or

Le premier souffle de vie
Un instant inoubliable
La famille réunie
Un amour impérissable

La vie est un voyage
Rempli de surprises et de dangers
Mais cette naissance est un présage
D'un futur radieux, un pur joyau.

42-La promesse de l'aube

La promesse de l'aube,
L'enfant vient au monde, fragile et nu
La vie lui ouvre les bras, les yeux éblouis
Une promesse d'amour, une aube nouvelle
Le cœur gonflé d'espoir, le visage émerveillé

Des rires, des larmes, des sourires
Le chemin est long, mais la foi est forte
La main dans la main, le monde à découvrir
Unis pour la vie, unis pour la mort

Les premiers pas, les premiers mots
Des souvenirs à jamais gravés dans le cœur
L'amour de la famille, un trésor en or
Une lumière dans la nuit, un guide pour le bonheur

La vie est un cadeau, une belle aventure
L'enfant est l'espoir, la promesse de l'aube
Un futur brillant, rempli de douceur
Le bonheur à portée de main, la vie est belle, tout simplement.

43- L'étreinte de la vie

L'étreinte de la vie
La naissance d'un enfant, une étreinte de la vie
Un miracle qui éblouit, une promesse infinie
Les yeux remplis d'étoiles, la bouche qui crie
Le monde qui s'ouvre, un futur qui s'épanouit

Les bras tendus, le cœur battant
L'amour qui coule à flots, le bonheur qui flamboie
La famille qui s'agrandit, le destin qui se dessine
L'avenir qui s'annonce, un rêve qui s'affine

Des rires, des pleurs, des sourires
La vie est un chemin semé d'embûches et de délires
Mais l'enfant est la force, le courage qui inspire
Un petit ange qui guide, une flamme qui aspire

La vie est un cadeau, un trésor à chérir
L'enfant est la vie, une promesse à tenir
Le futur est lumière, une étoile à suivre
L'amour est roi, un empire à construire.

44- Le souffle de la vie

Le souffle de la vie

Un petit corps qui respire, le souffle de la vie

Une âme qui s'éveille, une lumière qui luit

Un avenir qui s'ouvre, une route qui se dessine

Une promesse d'amour, une famille qui s'échine

Le premier cri, la première larme

La vie qui s'annonce, un rêve qui se forme

La famille qui s'uni, un amour qui s'affirme

L'enfant qui grandit, une vie qui se transforme

45-Le trésor des mers

Dans les profondeurs de l'océan,
Sous les vagues et le courant,
Un trésor inestimable repose,
Empli d'or, de diamants et d'épaves.
Les marins ont cherché pendant des années,
Les pirates ont pillé et ont tué,
Mais le secret est bien gardé,
Le trésor reste à jamais caché.
Mais un jour, peut-être, quelqu'un le trouvera,
Celui qui sera courageux et assez fort,
Pour braver les dangers de la mer,
Et découvrir la richesse de ce monde abyssal et étrange.

46- Le triomphe

Le triomphe est à portée de main
Pour celui qui ose le saisir
Malgré les obstacles et les peurs vaines
Le succès est à portée du désir

Parfois la route est sinueuse et rude
Mais l'endurance est la clé du succès
Le chemin est semé d'embûches rudes
Mais le succès est le fruit de l'adresse

Le triomphe est un but ultime
Qui exige le courage et le flegme,
Tout est possible si l'on s'anime
D'un désir ardent et d'une ténacité sans limite.

47- Le succès

Le succès n'est pas un hasard
Il se gagne par le travail acharné
Le succès est un fruit bien gardé
Qui récompense l'effort persévérant

Les échecs sont des leçons de vie
Qui aident à tracer le chemin du succès
Le succès est la fleur de la survie
Qui s'épanouit dans l'effort et le stress

Le succès est un feu ardent
Qui brûle dans le cœur des ambitieux
Il nourrit l'âme et rend vaillant
Celui qui vise les sommets glorieux

48- L'ascension

L'ascension vers le sommet
Est un chemin semé d'obstacles
Mais la persévérance est le secret
Pour gravir les cimes inaccessibles

Le succès est le fruit de l'effort
Qui récompense la patience et la foi
La route est longue et le temps est court
Mais le succès est le but de la voie

Les épreuves sont des enseignements
Qui éduquent l'âme et renforcent l'esprit
Le succès est le fruit des investissements
Qui se nourrit de l'effort et du mérite

49- L'épanouissement

L'épanouissement est le fruit du succès
Qui récompense la persévérance et le mérite
Le succès est une plante rare et précieuse
Qui s'épanouit dans un sol fertile et méritoire

La victoire est un trésor sans prix
Qui récompense la ténacité et le courage
Le succès est un parfum enivrant
Qui enivre les cœurs les plus vaillants

L'épanouissement est un but ultime
Qui exige du travail et la foi,
Le succès est la voie de la victoire sublime
Qui récompense l'ambition et le dépassement de soi.

50- La raison est ma boussole,

La raison est ma boussole,
Mon esprit est mon navire,
Je navigue dans les eaux troubles,
Et je ne crains pas de m'y perdre.

Je suis libre de penser,
De douter et de chercher,
Je ne crains ni le vent ni les vagues,
Je suis le maître de mon destin.

Les pôles de la terre sont nombreux,
Et les thrillers sont légion,
Mais mon esprit reste aiguisé,
Et je suis prêt pour toute mission.

Je ne crois pas aux illusions,
Ni aux faux prophètes,
Je suis un homme de raison,
Et je ne me laisse pas berner.

La vérité est mon seul guide,
Et la raison est ma seule loi,

Je suis prêt à affronter le monde,

Et à y laisser ma marque.

51- Le SDF (Sans Domicile Fixe)

Dans les rues froides et désolées,
Les SDF errent désorientés,
Leurs corps fatigués par la vie et la faim,
Leurs âmes lourdes de douleur et de chagrin.

Ils cherchent refuge sous les ponts et les passerelles,
Dans l'espoir de trouver un peu de chaleur et de lumière,
Mais les rues sont leur seule maison,
Où ils luttent chaque jour pour survivre et avancer.

Leurs vêtements sont usés et collés à la peau,
Avec des chaussures trouées.
Les mains rugueuses par la quête de la pitance,
Contrastent avec leurs yeux fatigués,
Toutefois l'esprit éveillé reste fort,
De même que leur volonté inébranlable,
Car ils sont des survivants, des guerriers de la rue,
Impassibles au aléas de la nature,

Ils sont souvent ignorés, méprisés et mal compris,
Mais leur humanité ne doit jamais être niée,

Car derrière chaque SDF se cache une histoire,

De batailles perdues et de rêves déchus, mais aussi de gloire.

Les SDF sont des êtres humains, comme vous et moi,

Et dans leur lutte, Il faut leur offrir plus que de l'aumône,

Ils ont besoin d'empathie et d'altruisme.

Printed by Books on Demand GmbH, Norderstedt / Germany